Die Reise des Kleinen Zaid zum Salahgebet

Ein Kinderbuch zur Einführung in das ritualisierte islamische Gebet

VON THE SINCERE SEEKER KIDS COLLECTION

Salam Alaykum, mein Freund! Mein Name ist Zaid, und ich bin 10 Jahre alt. Alhamdulillah, ich kann mit Stolz sagen, dass ich fünfmal am Tag zu Allah bete. Aber ich werde dir ein kleines Geheimnis verraten. Ich habe nicht immer fünfmal am Tag gebetet. Es war eine lange Reise, um dorthin zu gelangen, wo ich heute bin. Auf dem Weg dorthin habe ich viel gelernt, und ich muss zugeben, dass ich auch ein bisschen gekämpft habe - es war nicht so einfach, wie ich dachte. Aber das war es wert. Ich bin jetzt ein viel besserer Mensch, und ich fühle mich großartig!

Ich habe einige Neuigkeiten für dich! Ich möchte dich auf eine Reise in die Vergangenheit mitnehmen, um dir den Weg und die Reise zu zeigen, die ich unternommen habe, um dorthin zu gelangen, wo ich jetzt bin. Ich verspreche dir, dass du es lieben wirst und viel daraus lernen wirst, so wie ich. Du wirst begeistert sein und sich jeden Tag auf deine Gebete freuen! Komme und schließe dich mir an! Wir sehen uns auf der nächsten Seite, die uns in die Zeit zurückversetzt, als ich sieben Jahre alt war!

„Sohn, komm zu mir und setz dich", sagte mein Vater. „Jetzt, wo du alt genug bist, ist es an der Zeit, etwas über eines der wichtigsten Dinge zu lernen, die du jemals lernen und tun wirst", fügte mein Vater hinzu.

„Wow, das klingt ziemlich ernst, Vater, ich bin bereit, es zu hören!" Antwortete ich meinem Vater.

„Sohn, wir sind Muslime, wir glauben und beten Allah an, unseren Schöpfer, den Schöpfer von dir und mir, den Schöpfer dieser ganzen Welt und von allem, was darin ist. Eine der wichtigsten Arten der Verehrung Allahs ist das tägliche Gebet zu ihm, fünfmal am Tag. Das Gebet zu Gott ist die zweite Säule des Islam. Das Gebet zu Allah heißt auf Arabisch "*Salah*" und bedeutet "*Verbindung*" Kannst du dir vorstellen, warum, Zaid?" fragte mein Vater.

„Hmm... liegt es daran, dass wir uns im Salah mit Allah verbinden?"

„Das ist richtig, mein Sohn", antwortete mein Vater und klopfte mir auf den Kopf.

„Der Salah ist unser Weg, uns den ganzen Tag über mit Allah zu verbinden, damit wir eine gute Beziehung zu dem aufbauen und haben können, der uns erschaffen hat, der uns so sehr liebt! Wenn wir beten, bitten wir Allah um Führung, damit er uns den geraden Weg zu einem guten Leben in dieser Welt zeigt und uns näher zu ihm bringt, damit wir in der nächsten Welt bei ihm sein können", sagte mein Vater.

„Zaid, ich habe morgen eine Überraschung für dich, wir werden an einen ganz besonderen Ort gehen", sagte mein Vater.

Ich bin sofort aufgestanden. „Wo? Wohin gehen wir, Papa?" Fragte ich ganz aufgeregt.

„Das erfährst du morgen, Zaid", sagte mein Vater.

„Zaid, komm runter, mein Sohn, heute ist Freitag, und wir gehen zu diesem besonderen Ort, von dem ich dir gestern erzählt habe", sagte mein Vater.

Ich rannte die Treppe hinunter: „Ich bin bereit!" rief ich.

„Bevor wir gehen, habe ich noch ein Überraschungsgeschenk für dich, Zaid"

"Zwei Überraschungen an einem Tag?" Fragte ich und konnte meine Aufregung kaum zurückhalten.'

„Stimmt, mein Sohn, ich habe dir ja gesagt, dass heute ein besonderer Tag für dich sein wird. Mach schon und öffne dein Geschenk, mein Sohn."

Ich öffnete das Geschenk, es war ein schönes weißes Kleidungsstück, das bis zu den Knöcheln reicht.

„Das nennt man "*Thobe*"," mein Sohn. „Probier es an und lass uns losgehen", sagte mein Vater.

Ich probierte es an, stieg in unseren blauen Familien-Van und schnallte mich an, während wir etwa zehn Minuten fuhren, dann verkündete mein Vater: "Wir sind da!"

Ich sah mich um und bemerkte eine Menge Leute, die ihre Autos parkten und in dieses schöne weiße Gebäude mit einer grünen Kuppel auf dem Dach gingen. Viele von ihnen trugen Thobes, genau wie mein Vater und ich. Als wir dieses schöne weiße Gebäude betraten, kamen wir in den Gebetsbereich, der mit einem wunderschönen roten Teppich ausgelegt war, und es bildeten sich Schlangen, eine nach der anderen. Es waren viele Menschen da, einige beteten, andere setzten sich hin.

„Das ist eine Moschee, oder Masjid auf Arabisch, mein Sohn", sagte mein Vater. „Dies ist eines von vielen Häusern Allahs. Die Muslime kommen jeden Tag hierher, um zu Allah zu beten, besonders am Freitag - dem gesegneten Tag der Woche", sagte mein Vater. Bevor wir beten, müssen wir die Waschung vornehmen - auf Arabisch heißt das Wudu", fügte mein Vater hinzu.

"Was ist das?" fragte ich meinen Vater verwirrt.

„Wudu ist das, was Muslime tun, bevor sie beten - ein Muslim ist verpflichtet, sich zu reinigen und zu läutern, indem er seine Hände, sein Gesicht, seine Arme, seinen Kopf und seine Füße wäscht. Es ist wichtig, dass ein Muslim sich reinigt, saubere Kleidung trägt und einen sauberen Bereich hat, in dem er betet. Jetzt lass uns in den Waschbereich gehen, du kannst mir beim Wudu zusehen und es mir nachmachen, mein Sohn", sagte mein Vater.

Nachdem wir uns gewaschen hatten, betraten wir den Gebetsraum. Freitags hält der Imam - die Person, die das Gebet leitet - eine Predigt, bevor wir beten.

„Die Predigt beginnt in 2 Minuten, setz dich, mein Sohn", sagte mein Vater.

Während mein Vater und ich sitzen, steht jemand auf, stellt das Mikrofon ein und verkündet den Adhan, den islamischen Gesang oder Gebetsruf, der vor dem Gebet gesprochen wird, um die Menschen zum Gebet zu rufen. In der Predigt des Imams ging es um die Bedeutung des Salah und warum wir den Salah verrichten.

„Wir beten Allah an, weil er es verdient, angebetet zu werden, weil er so ist, wie er ist. Er ist der Einzige, der die volle Kontrolle über alles hat. Er ist allmächtig, allweise, allwissend und allhörend. Wir beten ihn auch an, um ihm dafür zu danken, dass er uns erschaffen und uns mit allem versorgt hat, was wir haben.", sagte unser Imam.

Nach der Predigt beteten wir alle gemeinsam als Gruppe nach dem Imam. Wir beten in Richtung Mekka, wo sich das heilige Haus Gottes, die Kaaba, befindet.

Muslime aus der ganzen Welt blicken in diese Richtung, die das erste Haus war, das auf der Erde für die Anbetung des einen Gottes gebaut wurde. Natürlich beten wir die Kaaba nicht an, sondern nutzen dieses heilige Haus nur als Orientierungshilfe bei der Verehrung des einen Gottes. Gebete sind nur an Gott, unseren Schöpfer, gerichtet.

Nachdem wir das Gebet beendet hatten, gingen wir nach Hause.

„Papa, das war wunderschön, ich fand es toll - Allahs Haus ist so schön und friedlich, ich kann es kaum erwarten, wiederzukommen!", sagte ich zu meinem Vater.

„Du wirst noch mehr von Allahs Haus sehen, inshAllah!", sagte Papa, als wir nach Hause fuhren.

Als wir nach Hause kamen, sah ich meine große Schwester und meine Mutter zusammen im Wohnzimmer beten. Als sie fertig waren, sagte meine große Schwester Zara zu mir, dass sie mir etwas beibringen wollte. Sie sagte, sie wolle die Bewegungen des Salahs durchgehen.

„Salah ist nicht nur ein Gebet oder ein Bittgebet zu Gott, bei dem wir einfach unsere Gedanken aussprechen, sondern es erfordert bestimmte Aussprüche und Bewegungen, die wir von unserem letzten und endgültigen Propheten Muhammad, Friede sei mit ihm, gelernt haben. Uns wurde befohlen zu beten, so wie es uns der Prophet Muhammad gelehrt hat.", sagte Zara.

Sie zeigte mir, wie das Gebet mit "Allahu Akbar" beginnt, was übersetzt "Gott ist größer (als alles)" bedeutet, und sie demonstrierte mir, wie das Gebet das Rezitieren von Versen aus dem Heiligen Koran sowie Lobpreisungen und Bittgebete an Gott beinhaltet, während man steht, sich verbeugt und sich vor ihm niederwirft.

„Achte darauf, viele Dua (Bittgebete) an Allah zu richten, wenn Sie sich niederwerfen (sujood), denn in dieser Position sind wir Allah am nächsten.", sagte Zara.

„Bitte also Allah um das Paradies und um alles, was du dich im Jenseits und im Diesseits wünschen!", fügte sie hinzu. „Du solltest beten, Zaid, so wie es Hunderte von Millionen Menschen auf der ganzen Welt tun", sagte meine Schwester.

Als wir fertig waren, umarmte ich sie, weil sie mir das Beten beigebracht hatte, und machte mich für das Mittagessen fertig.

Am nächsten Tag, am Samstagmorgen, klopfte meine Mutter an meine Tür.

„Zeit zum Aufwachen, mein Sohn, es ist Zeit, dich für deine Wochenend-Islamschule vorzubereiten", sagte meine Mutter.

Als ich in die Klasse kam, verkündete mein Lehrer: "Heute werden wir über Salah lernen - das Gebet zu Allah, der uns erschaffen hat. Allah hat uns erschaffen, damit wir ihn anbeten können. Wir verehren ihn, indem wir unsere Salah-Gebete beten und Dinge tun, die ihm gefallen, wie gut zu unseren Eltern zu sein und anderen zu helfen", fügte mein Lehrer hinzu.

„Wer kann mir sagen, wie oft Muslime am Tag beten?" fragte meine Lehrerin.

Mein Freund Omar hob seine Hand und antwortete: "6 Mal am Tag."

„Nicht ganz, aber fast", antwortete mein Lehrer.

Dann erinnerte ich mich daran, wie mein Vater das mit mir auf der Rückfahrt von der Moschee am Freitag im Auto besprochen hatte, und hob meine Hand so hoch wie möglich.

„Ja, Zaid", sagte mein Lehrer und zeigte auf mich.

„Muslime beten fünfmal am Tag", sagte ich.

„Das ist richtig, Zaid, ausgezeichnet!", antwortete mein Lehrer mit einem Lächeln im Gesicht.

„Die heutige Hausaufgabe besteht darin, herauszufinden, wann die fünf täglichen Gebete verrichtet werden, und sie aufzuschreiben. Außerdem brauche ich einen mutigen Schüler, der aufsteht und die Zeiten der fünf täglichen Gebete vor der ganzen Klasse vorstellt", sagte unser Lehrer.

Riiiiiiiiiiing läutete das Ende des Unterrichts ein.

Als ich nach Hause kam, eilte ich in die Küche, um meine Mutter zu umarmen, die gerade das Mittagessen kochte.

„Wie war es heute in der Schule, Zaid?", fragte meine Mutter.

„Es war interessant, Mama", antwortete ich. „Unsere Hausaufgabe besteht darin, herauszufinden, wann die Muslime die fünf täglichen Gebete verrichten. Kannst du mir helfen, Mama?"

„Natürlich, Zaid", antwortete meine Mutter, während sie den Reis umrührte.

„Das erste ist das **Fajr-Gebet**, das von der Morgendämmerung bis kurz vor Sonnenaufgang gebetet wird.

Das zweite ist das **Zuhr-Gebet**, das kurz nach dem Mittag gebetet wird (Mittag, wenn die Sonne den mittleren Punkt am Himmel passiert).

Das dritte ist das **Asr-Gebet**, das am Nachmittag (auf halbem Weg zwischen Mittag und Sonnenuntergang) gebetet wird.

Das vierte ist das **Maghrib-Gebet**, das direkt nach Sonnenuntergang gebetet wird.

Das fünfte ist das **Isha-Gebet**, das am späten Abend in der dunklen Nacht gebetet wird (etwa eineinhalb Stunden nach Sonnenuntergang)."

„Wow, Mama, das ist eine große Hilfe", sagte ich. „Jetzt musst du sie bitte wiederholen, damit ich sie aufschreiben, mir einprägen und an meine Wand hängen kann!" Fügte ich hinzu.

„Sicher, Zaid", antwortete meine Mutter. „Aber bevor du deinen Notizblock holst, muss ich dir noch etwas sagen", sagte Mama, während sie unser leckeres Hähnchen mit Salz und Pfeffer würzte.

„Von einem Muslim wird erwartet, dass er oder sie, wenn die Gebetszeit gekommen ist, seine/ihre Tätigkeit unterbricht, um zu beten und sich mit Allah zu verbinden, der uns sehr nahe ist. Wir sehen ihn nicht, aber er sieht und hört uns. Das Gebet zu Allah ist zu unserem eigenen Besten und bringt uns im Jenseits und auch im Diesseits viele Vorteile! Ein Muslim unterbricht vorübergehend eine Tätigkeit, die er oder sie gerade ausübt, sei es Kochen, Schlafen oder Videospiele spielen, und betet zu Allah. Er muss sein Bestes geben, um sich während des Salah-Gebetes zu konzentrieren und sich durch nichts ablenken zu lassen - jeder Muslim muss arbeiten und üben, um sein Gebet zu verbessern; es ist eine lebenslange Übung, verstehst du mich, Zaid?", fragte Mama

„Ja, aber das klingt ein bisschen hart", antwortete ich.

„Am Anfang ist es vielleicht ein bisschen schwierig, aber es wird leichter, Zaid. Zu Gott zu beten ist ein großer Segen und ein Geschenk, das uns von Gott gegeben wurde", sagte meine Mutter.

Ich lächelte und rannte los, um meinen Notizblock aus meinem Rucksack zu holen.

Meine Eltern, meine Schwester und ich besuchen meinen Onkel Nabeel, der krank im Krankenhaus liegt.

„Wie geht es dir, Onkel Nabeel?", fragte ich meinen Onkel.

„Ich fühle mich schon viel besser, Zaid. Bitte behalte mich in deinem Dua und bitte Allah, meine Gesundheit wiederherzustellen", antwortete mein Onkel.

„Ich werde für dich beten, wenn ich im Gebet bin und außerhalb des Gebets", sagte ich.

„Zeit für Onkel Nabeel, sich auszuruhen", sagte der Arzt, als er hereinkam.

Dann küsste ich meinen Onkel auf die Stirn, und wir gingen nach Hause.

Am nächsten Tag setzte mich mein Vater bei meinem besten Freund Omar ab. Omar hat einen Fußball und einen großen Garten, in dem wir normalerweise Fußball spielen. Nachdem wir gespielt hatten, gingen wir auf sein Zimmer.

"Was ist das?", fragte ich meinen Freund Omar.

„Es ist ein Buch, das mir mein Großvater geschenkt hat", antwortete Omar.

„Worum geht es, und was hast du gelernt?", fragte ich Omar.

„Es geht um Salah - das Gebet zu Allah. Das Buch hat mich gelehrt, dass das Salah das erste sein wird, worüber Allah uns am Tag des Jüngsten Gerichts befragen und richten wird, Zaid. Wenn das Gebet in Ordnung ist, dann wird sich alles andere von selbst ergeben", fügte Omar hinzu.

„Wow, das wusste ich nicht", antwortete ich.

„Jetzt, wo es Zeit für das Asr-Gebet ist, lass uns gemeinsam beten, Zaid", sagte Omar. „Vielleicht können wir nachher vor dem Abendessen noch ein paar Videospiele spielen", fügte Omar hinzu.

„Klingt nach einem Plan", antwortete ich.

Nachdem wir ein paar Videospiele gespielt hatten, wurde es langsam dunkel, und ich bekam ein wenig Hunger.

„Zaid, lass uns zu Abend essen und dann mit meinem Vater Majrib beten", sagte Omar.

Wir saßen mit Omars Eltern am Esstisch und genossen köstliche Speisen und Getränke. Nachdem wir mit dem Essen fertig waren, war es Zeit für ein gemeinsames Gebet.

„Das Gebet ist so heilig, dass man nicht essen, trinken oder sprechen darf, wenn man betet. Wusstet ihr das, Zaid und Omar?", fragte Omars Vater uns.

„Ja, das tun wir", antworteten wir beide. „Das haben wir im Unterricht bei unserer Lehrerin gelernt", sagten wir beide.

Dann kam mein Vater und brachte mich nach Hause.

Am nächsten Morgen fragte mich mein Vater: "Zaid, willst du mit mir joggen gehen? Ich werde ein paar Mal um den See joggen", fügte mein Vater hinzu

„Klar, Papa, ich ziehe nur schnell meine Laufschuhe an und wir treffen uns dann draußen", antwortete ich.

Mein Vater läuft schon seit Jahren, er war mir also ein paar Schritte voraus.

„Langsam, Papa!", rief ich.

Mein Vater lächelte, als er für mich abbremste.

„Zaid, sieh dir all die schönen Schöpfungen Allahs an - SubhanAllah, sieh dir all die schönen großen glotzäugigen Frösche, die hübschen weißen Enten und die grünen hartschaligen Schildkröten um uns herum an. Allah ist so erstaunlich, er hat all diese schönen Tiere erschaffen", fügte mein Vater hinzu.

Ich hielt an, um Luft zu holen, sagte *Bismillah* und nahm drei Schlucke von meinem Wasser, dann joggte ich mit meinem Vater weiter.

Spulen wir zwei Jahre später vor. Ich habe festgestellt, dass ich im Alter von 7 Jahren einmal am Tag gebetet habe und im Alter von 8 und 9 Jahren zwei- bis dreimal am Tag betete. Ich habe weiter geübt und geübt. Es war nicht leicht, ich musste nachts früh schlafen, damit ich rechtzeitig aufstehen konnte, um Fajr zu beten. Es war auch nicht leicht, sich zu konzentrieren, besonders für das Fajr-Gebet, da es so früh am Morgen war. Aber ich habe mich immer wieder daran erinnert, dass ich das alles für Allah tue, damit er zufrieden und glücklich mit mir ist und ich ein besserer Mensch werden kann.

Salah dient als geistige Nahrung. So wie der Körper den ganzen Tag über Nahrung und Wasser braucht, um gesund zu bleiben, braucht unser Geist Salah, das Gedenken an Allah und die Anbetung Allahs, um geistig gesund zu bleiben. Ich habe mir auch immer wieder vor Augen geführt, dass, egal wie schwer Salah wird, sich die Reise am Ende lohnt, weil sie mich ins Paradies führen wird, wo ich für immer und ewig leben und mir alles wünschen kann, was ich will.

Ein weiteres Jahr später bin ich hier! 10 Jahre alt und Alhamdulillah, ich kann sagen, dass ich 5 Mal am Tag bete, jeden Tag! Ich bete sogar jede Woche in Allahs Haus in unserer örtlichen Masjid hier in meiner Stadt, und inshAllah, bald werde ich dort jeden Tag beten! Ich fühle mich großartig. Es gibt nichts Besseres, als sich den ganzen Tag über mit Allah zu verbinden. Ich habe festgestellt, dass meine Gebete mich zu einem besseren Menschen gemacht haben. Meine Einstellung, mein Verhalten, meine Mentalität, meine Gedanken und meine Prioritäten haben sich alle auf das ausgerichtet, was in meinem Leben wirklich wichtig ist.

Ich versuche mein Bestes, nicht faul zu sein und meine Gebete auszulassen, denn wenn jemand faul wird und seine Gebete auslässt, wird er oder sie die Konsequenzen sehen, sich von Allah entfernt zu fühlen - was niemand will. Sie kann dazu führen, dass jemand seine Sünden vermehrt und schlechte Dinge tut. Salah ist mein Schutz vor all dem und mein Schutz vor Shaytan (Teufel), der den Menschen böse Gedanken ins Ohr flüstert!

„Zaid, wach auf", sagte mein Großvater und weckte mich mitten in der Nacht auf.

„Hallo, Opa", antwortete ich, während ich versuchte, meine beiden Augen zu öffnen.

„Ich bin im Begriff zu beten; möchtest du dich mir anschließen? Das ist ein besonderes Gebet, das *Tahajjud* heißt und das Allah sehr liebt", fügte mein Großvater hinzu.

„Sicher", antwortete ich, während ich aufstand und zum Waschraum ging, um Wudu zu machen.

Dann stelle ich mich bei meinem Großvater auf, der uns zum Gebet anleitet. Wir beteten etwa 10 Minuten lang, dann bedankte ich mich bei meinem Opa, dass er mich geweckt hatte, und legte mich wieder ins Bett.

Ich fühlte mich Allah sehr nahe - als ich mitten in der Nacht zu ihm betete. Ich fühlte mich geehrt, dass Allah mir erlaubte, mitten in der Nacht zu Ihm zu beten, obwohl ich wusste, dass dies nicht einfach ist.

Allah hat alles und braucht weder unsere Anbetung noch unsere Gebete. Wir beten, um zu profitieren und uns selbst zu helfen. Gott hat dafür gesorgt, dass es uns gut tut, ihn anzubeten und an ihn zu denken - also sollten wir beten und uns ständig an ihn erinnern!

Ich danke dir, dass du dich mit mir auf diese Reise begeben hast, und ich hoffe, dass du genauso viel Spaß hattest wie ich auf meinem Erinnerungspfad. Ich hoffe, du hast das eine oder andere gelernt und nutzen dieses Wissen, um dich mit deinem Schöpfer zu verbinden.

Erinnert euch, schätzt euren Salah, denn der Salah ist ein großes Geschenk, das Allah euch und mir gemacht hat.

                    Salam Alaykum, mein Freund!

Ende.

www.ingramcontent.com/pod-product-compliance
Lightning Source LLC
Chambersburg PA
CBHW061106070526
44579CB00011B/156